AF497918

LA RÉFORME DU CERTIFICAT D'ÉTUDES
Arrêté ministériel du 29 décembre 1891.

L'ANNÉE

DU

CERTIFICAT D'ÉTUDES

PUBLIÉE SOUS LA DIRECTION DE

CHARLES DUPUY

Agrégé de l'Université, Ancien inspecteur d'Académie, Vice-recteur honoraire,
Ancien ministre de l'Instruction publique, Député de la Haute-Loire.

Livret de Droit usuel

Par M. Émile GANNERON
Secrétaire-rédacteur au Sénat.

L'Opuscule du Maître.............. » 30

ARMAND COLIN ET Cie, ÉDITEURS
5, RUE DE MÉZIÈRES, PARIS

—

1895

AVIS

L'Arrêté ministériel du 29 décembre 1891 a modifié l'épreuve de la rédaction exigée des candidats au Certificat d'études primaires. Le sujet de la rédaction, au lieu d'être, comme précédemment, un récit, une lettre, etc., sera choisi par l'Inspecteur d'Académie parmi les matières suivantes : instruction morale, instruction civique, histoire, géographie, notions élémentaires de sciences avec leurs applications à l'agriculture et à l'hygiène.

Pour aider maîtres et élèves à répondre aux exigences de l'Arrêté ministériel, nous leur offrons, sous le nom de « livrets », des répertoires qui faciliteront la revision des matières énumérées ci-dessus ainsi que des autres matières obligatoires de l'Enseignement primaire.

L'enfant qui possédera le contenu de nos « livrets » ne risquera pas de rester court dans l'épreuve de la rédaction : il aura à sa disposition les idées et, au besoin, les termes propres à le guider et à le soutenir. Il sera d'ailleurs déjà préparé et muni par l'étude des manuels spéciaux que nous ne prétendons pas remplacer, mais dont nous voulons seulement faciliter la récapitulation [1].

Chaque « livret », à peu d'exceptions près, comprend un questionnaire, des résumés et des sujets ou sommaires de rédaction dont l'Opuscule du Maître présentera le développement.

Nous avons fait la part de la mémoire et du jugement : le questionnaire aidera la première, les résumés et les sommaires exerceront le second.

Des tableaux muraux complètent nos « livrets ». Ces tableaux placeront sous les yeux des enfants les idées et les termes essentiels dans lesquels se résument les matières visées par l'Arrêté ministériel.

Charles Dupuy.

[1] Même librairie. Émile Ganneron. — **La Première année d'Économie politique et de droit usuel**. »　»

Arrêté ministériel du 29 décembre 1891.

Le § 3 de l'Arrêté du 18 janvier 1887 (rédaction d'un genre simple) est complété comme suit :

« ... Une **rédaction** d'un genre simple portant, suivant un choix à faire par l'Inspecteur d'Académie. sur l'un des trois objets ci-dessous :

1° L'**Instruction** morale ou **civique** ;

2° L'**Histoire** et la **Géographie** ;

3° Des **Notions** élémentaires de sciences avec leurs applications à l'**Agriculture** et à l'**Hygiène**. »

LIVRET DE DROIT USUEL

I. — NOTIONS GÉNÉRALES

1. — Les Lois.

1. L'étude du droit est-elle *utile ?*

Oui, parce que le **droit** est l'ensemble des lois, et que « tout Français est supposé connaître la loi ».
Respecter la loi est le devoir de tout bon citoyen.

2. Dans quels *livres* les lois françaises sont-elles réunies ?

Les lois françaises sont réunies dans les **Codes**, œuvre du *Consulat* et du *Premier Empire* (1802-1810).

3. Les Codes n'ont-ils pas subi des *changements* depuis cette époque ?

Oui, les Codes ont subi des *changements* motivés par la **transformation incessante** qui s'opère dans toute société.

4. Par qui les lois sont-elles *faites ?*

Les lois sont faites par la **Chambre des députés** et par le **Sénat**, qui constituent ce qu'on appelle le **Pouvoir législatif**.

5. *Combien* y a-t-il de *Codes ?*

Il y a *huit* Codes : le Code **civil** ; — le Code de **procédure civile** ; — le Code de **commerce** ; — le Code d'**instruction criminelle** ; — le Code **pénal** ; — le Code **forestier** ; — le Code de **justice militaire** ; — le Code **rural**.

6. La justice est-elle *gratuite ?*

Non ; il faut, d'une part, payer les **droits d'enregistrement** et de **timbre** auxquels donne lieu un procès ; il faut, d'autre part, rétribuer les *officiers ministériels* que l'on emploie. Mais les personnes peu aisées peuvent demander **l'assistance judiciaire** : elles n'ont rien à payer si l'assistance leur est accordée.

7. Comment *obtient-on* l'assistance judiciaire ?

Pour obtenir **l'assistance judiciaire,** on adresse au Procureur de la République une demande dans laquelle on indique les motifs pour lesquels on a besoin d'avoir recours à la justice.

On y joint : 1° un certificat du percepteur constatant que l'on n'est point imposé, ou qu'on l'est peu ; 2° une déclaration prouvant que l'on ne peut supporter les frais de justice. Cette déclaration doit être visée par le maire.

8. Qu'est-ce qu'un *officier ministériel?*

Un **officier ministériel** est une personne désignée par le gouvernement pour :

Dresser certains actes (**notaire**) ;

Représenter les plaideurs devant les tribunaux civils (**avoués**) ou de commerce (**agréés**) ;

Poursuivre l'exécution des décisions judiciaires (**huissiers**) ;

Acheter et vendre les valeurs de bourse (**agents de change**).

2. — La Nationalité française.

9. Comment est-on *Français ?*

Est **Français** :

1° Celui qui est né de **parents français** ;

2° Celui qui est né **en France** de **parents inconnus** ;

3° Celui qui est né **en France** de *parents étrangers* qui y sont **nés eux-mêmes** ;

4° Celui qui, né **en France de parents étrangers,** ne déclare pas, à l'*âge de 21 ans,* qu'il veut **garder la nationalité** de ses parents ;

5° L'*étrangère* qui a **épousé** un Français ;
6° L'*étranger* qui a obtenu la **naturalisation**.

10. Qu'est-ce que la *naturalisation?*

La **naturalisation** est l'octroi de la qualité de Français, octroi qui peut être fait par le gouvernement à l'étranger qui est *resté* en France pendant **dix ans**.

11. Peut-on *perdre* la qualité de Français ?

On peut **perdre** la qualité de Français :
1° En se faisant *naturaliser* dans un **pays étranger ;**
2° En y conservant des **fonctions publiques** *malgré l'ordre* du gouvernement français ;
3° En prenant du **service militaire** à l'étranger sans *autorisation* du gouvernement français.

Enfin la Française qui épouse un *étranger* prend généralement la nationalité de son mari.

3. — Droits civils et politiques.

12. Qu'est-ce que les *droits civils?*

Les **droits civils** sont ceux qui s'exercent de *particulier à particulier :* droits de vendre, d'acheter, de succéder, de tester, etc.

13. Qu'est-ce que les *droits politiques?*

Les **droits politiques** sont ceux qui permettent aux citoyens d'exercer leur *part* de la **souveraineté nationale :** droits de vote, d'éligibilité, d'exercer les fonctions publiques, etc.

14. Peut-on *perdre* ses droits civils et politiques ?

On peut **perdre** ses droits civils et politiques, en tout ou en partie, par l'effet de certaines **condamnations**.

Être privé de ses droits civils ou politiques est donc un **déshonneur**.

4. — L'Absence.

15. Qu'appelle-t-on *absent ?*

On appelle **absent** celui qui a **quitté** son domicile depuis *quatre ans au moins*, sans que l'on ait eu de ses nouvelles.

L'absence est « déclarée » par le *tribunal civil*.

16. Quelles sont les conséquences de l'*absence ?*

Les *héritiers* présomptifs de l'absent sont autorisés à prendre *provisoirement possession* de ses biens (**envoi en possession**).

Au bout de *trente ans*, cette possession devient pour eux **définitive**.

II. — LA FAMILLE

1. — Les Actes de l'état civil.

17. Qu'entendez-vous par *actes de l'état civil ?*

Les *actes de l'état civil* sont les actes qui constatent les **naissances, les mariages, les décès**.

18. Par qui sont *dressés* les actes de l'état civil ?

Les actes de l'état civil sont **dressés** par les *maires* ou par leurs *adjoints*, que l'on appelle pour cela **officiers de l'état civil**.

19. En quelle *forme* doivent être dressés les actes de l'état civil ?

Les actes de l'état civil sont écrits à la **mairie**, sur **deux** *registres*.

20. Que fait-on des *deux registres* de l'état civil ?

L'un des deux registres est gardé à la **mairie**, et l'autre est envoyé au **tribunal civil de l'arrondissement**.

21. A-t-on le droit de se faire délivrer un *extrait* des actes de l'état civil?

Toute personne a le droit de se faire *délivrer* par la mairie ou par le tribunal une copie ou **extrait** des actes de l'état civil [1].

2. — La Naissance.

22. Quelles sont les *formalités* à remplir lors de la *naissance* d'un enfant?

Le **père** ou l'une des personnes qui ont **assisté** à la naissance doit se rendre à la *mairie*, avec deux *témoins ;* il fait sa *déclaration* à l'officier de l'état civil qui en dresse acte. C'est l'**acte de naissance.**

23. Quel *délai* a-t-on pour faire cette déclaration?

La déclaration doit être faite dans les **trois jours**, sous peine d'une amende et d'un emprisonnement de six jours à six mois.

3. — L'Autorité paternelle.

24. Quels sont les *droits* du père vis-à-vis de ses enfants?

Le père a droit à *l'obéissance* de ses enfants ; il peut les *retenir chez lui* jusqu'à leur majorité ou leur émancipation ; il a la jouissance de leurs *biens personnels* jusqu'à ce qu'ils aient dix-huit ans.

25. Quels moyens de *correction* a le père qui est *très mécontent* d'un de ses enfants?

Il peut le faire enfermer dans une **maison de correction** pendant *un mois* ou même, avec *l'autorisation* du président du tribunal civil, pendant *six mois*.

Cette autorisation est nécessaire dans tous les cas, si l'enfant est âgé de plus de *seize ans*.

---

1. Papier timbré, 1 fr. 80. — Copie, 30 cent. (grandes villes, 50 cent. Paris, 75 cent). (La copie des actes de mariage coûte le double.) — Légalisation, 25 cent.

Jamais l'enfant qui **aime et respecte** ses parents ne s'expose à de telles sévérités.

26. Qui exerce l'*autorité paternelle* quand le père vient à *mourir* ?

Si le père *meurt*, l'**autorité paternelle** est exercée par la *mère*, ou, à son défaut, par celui des *grands-parents* qui devient le *tuteur* des enfants.

27. Peut-on être *privé* de l'autorité paternelle ?

Sont **privés** de l'autorité paternelle le père et la mère qui ont subi certaines *condamnations* ou qui, par leur *mauvaise conduite* ou leurs *mauvais traitements*, compromettent la moralité ou la santé de leurs enfants.

4. — L'Adoption.

28. Qu'est-ce que l'*adoption* ?

L'**adoption** est l'acte par lequel une personne en *accepte* une autre pour son *enfant* et lui en donne tous les droits.

29. Quelles sont les *conditions* exigées de l'adoptant ?

L'adoptant doit avoir au moins **cinquante ans** et n'avoir ni **enfants** ni descendants légitimes.

Il faut qu'il ait donné à l'adopté, pendant sa minorité, des **soins ininterrompus** au moins pendant six ans, ou que l'adopté lui ait **sauvé la vie**.

L'adoptant doit, s'il est *marié*, obtenir le **consentement** de son conjoint.

30. Quelles sont les *conditions* exigées de l'adopté ?

L'*adopté* doit être **majeur** et être de *quinze ans* au moins **plus jeune** que l'adoptant.

31. Comment se *fait* l'adoption ?

L'adoption se fait par **un acte** dressé devant le *juge de paix ;* elle doit être *approuvée* par le Tribunal civil et par la Cour d'appel.

32. Quels sont les *effets* de l'adoption?

L'adopté ajoute à son **nom** celui de l'adoptant; il a sur sa **succession** les *mêmes droits* qu'un enfant légitime ; mais il n'en a **aucun** sur la succession des *parents* de l'adoptant.

5. — La Tutelle.

33. Que devient l'enfant qui *perd* son père ou sa mère *avant* d'atteindre sa *majorité?*

Le mineur est *confié*, jusqu'à sa majorité, à un **tuteur** qui prend soin de la personne du mineur et qui administre ses biens.

34. A qui est *confiée* la tutelle?

La *tutelle* est confiée à l'**époux survivant**.

L'époux survivant peut *nommer* par testament un tuteur à ses enfants ; sinon la tutelle passe à l'*ascendant* le plus proche (aïeul ou bisaïeul).

S'il n'y a ni tuteur nommé, ni ascendant, le tuteur est nommé par le **Conseil de famille** du mineur.

35. Quelle est la composition du *Conseil de famille?*

Le **Conseil de famille** se compose de *six parents, alliés ou amis* du mineur, qui se réunissent sous la présidence du **juge de paix**, pour nommer au mineur un *tuteur* et un *subrogé tuteur*.

36. Quelle est la mission du *subrogé tuteur?*

Le **subrogé tuteur** a pour mission de *surveiller la gestion* du tuteur et de le *remplacer* dans certains cas.

37. Que doit *faire* le tuteur *avant* d'entrer en fonctions?

Le tuteur doit, dans les *dix jours* de son entrée en fonctions, faire dresser l'**inventaire** des biens du mineur.

Pendant la durée de ses fonctions, le tuteur doit prendre soin de la *personne* et des *biens* du mineur comme si celui-ci était **son propre enfant**.

38. Que doit faire le tuteur quand ses fonctions prennent *fin ?*

Le tuteur dont les fonctions prennent fin doit *rendre* à son pupille **les comptes** de son administration et lui *remettre* toutes les sommes qu'il a reçues en son nom.

39. Qu'est-ce que l'*émancipation ?*

L'émancipation est la faculté donnée à un mineur d'*administrer* lui-même sa fortune propre.

L'émancipé ne peut cependant faire certains actes sans l'assistance d'un **curateur** ou même, dans certains cas, sans celle de son Conseil de famille.

40. Comment *s'opère* l'émancipation ?

L'émancipation s'opère :
1° Par le **mariage** du mineur ;
2° Par la **déclaration d'émancipation** faite devant le juge de paix par le père ou, à défaut de père, par la mère (l'enfant, dans ce cas, doit avoir au moins 15 ans) ;
3° Par une **délibération** du Conseil de famille, si l'enfant est orphelin (il doit, dans ce cas, avoir au moins 18 ans).

41. Y a-t-il d'autres personnes que les mineurs *soumises à la tutelle ?*

Oui ; les **interdits**, c'est-à-dire les personnes qui sont reconnues être dans un état habituel d'imbécillité, de démence ou de fureur, sont soumis à la tutelle.

42. Qui *prononce* l'interdiction ?

L'interdiction est prononcée par les *tribunaux* sur demande d'un parent, après enquête et après avis du Conseil de famille.

43. Comment est nommé le *tuteur* d'un interdit ?

Le **mari** est, de droit, le tuteur de sa femme interdite ; dans tous les autres cas, le tuteur d'un interdit est nommé par le **Conseil de famille.**

44. Qu'est-ce qu'un *Conseil judiciaire?*

Quand une personne se montre *trop prodigue*, le Tribunal peut, sur la demande d'un parent et après avis du Conseil de famille, lui nommer un **Conseil judiciaire**, sans l'assistance duquel elle ne peut plus ni *emprunter*, ni *aliéner*, ni *plaider*.

45. La *justice n'intervient-elle* pas dans l'administration des biens des mineurs?

Dans certains cas (*vente d'immeubles, transaction sur un procès*, etc.), le tuteur doit obtenir non seulement l'*autorisation* du Conseil de famille, mais encore celle du **Tribunal civil**.

6. — Le Mariage.

46. Quelles sont les conditions requises pour la *validité* d'un mariage?

Pour qu'un mariage soit *valable*, il faut :
1° Le consentement des *deux époux ;*
2° Le consentement du *père* et de la *mère*. En cas de dissentiment, celui du père suffit ;
3° L'âge de 18 *ans* révolus pour les hommes, de 15 *ans* révolus pour la femme ;
4° L'accomplissement des *formalités* prescrites par la loi. (Voir n°ˢ 49 et 50.)

47. Qu'arrive-t-il si le père et la mère sont *décédés?*

Si le père et la mère sont décédés, il faut obtenir le consentement des *aïeuls* et *aïeules* paternels et maternels ; s'il y a **dissentiment** entre les deux lignes, le consentement d'une seule *suffit*.

Si, dans une ligne, il y a **dissentiment** entre l'aïeul et l'aïeule, c'est l'*avis de l'aïeul* qui prévaut.

48. Peut-on *suppléer* au consentement des parents?

L'homme, à partir de **25 ans**, la femme, à partir de **21 ans**, peuvent suppléer au consentement des parents en adressant à leurs parents, par le ministère d'un notaire ou d'un huissier, *trois sommations*, appelées **actes respectueux,** séparées l'une de l'autre par un intervalle d'*un mois.*

Le futur conjoint qui a dépassé **30 ans** n'est astreint à faire qu'une *seule* sommation.

49. Quelles sont les formalités légales exigées *avant* le mariage ?

Le mariage doit être d'abord annoncé par **deux publications** faites le dimanche, à huit jours d'intervalle, par l'*officier de l'état civil*, à la porte de la mairie du domicile de *chacun* des futurs conjoints.

Le mariage ne peut être célébré que *trois jours* après la seconde publication.

50. Quelles sont les formalités légales exigées pour la *célébration* du mariage ?

Les époux se présentent à la mairie assistés de **quatre témoins.**

L'officier de l'état civil, maire ou adjoint, leur donne lecture de l'*acte de mariage* (un des trois actes de l'état civil) et des dispositions du Code civil relatives aux *droits et devoirs des époux ;*

Il reçoit le *consentement* des deux parties et les déclare **unies** par le mariage.

L'acte est immédiatement *signé* par les époux, par les témoins, par les parents dont le consentement est requis et par l'officier de l'état civil.

51. Peut-on faire *opposition* à un mariage ?

Les père et mère, les ascendants, certains proches parents peuvent faire **opposition** à un mariage.

52. Quelles sont les causes qui peuvent empêcher un mariage ?

Un mariage antérieur **non dissous ;**
Le *défaut de consentement* des parents ;

La *non-observation* des formalités prescrites par la loi ;

Une parenté *trop proche*.

En outre, la femme veuve ou divorcée ne peut se remarier que **dix mois** après la mort de son mari ou après la prononciation du divorce.

53. Quels sont les *droits* et les *devoirs* respectifs des époux ?

Les époux se doivent mutuellement **fidélité, secours** et **assistance** ;

Le mari doit **protéger** sa femme et lui **fournir** tout ce qui est nécessaire pour les *besoins de la vie* ;

La femme doit **obéissance** à son mari ; elle doit **habiter** avec lui et le **suivre partout** où il juge à propos de résider.

Les époux doivent *nourrir, entretenir* et *élever* leurs **enfants**.

54. Comment le *bon accord* peut-il régner dans un ménage ?

Le mari doit être **prévenant, doux, laborieux, sobre, reconnaissant** ;

Il doit éviter d'**affliger** celle à laquelle il a donné son cœur et sa foi.

L'épouse doit être **bonne** et **attentive** ;

Elle **évitera** les querelles, même les plus petites. Étant la plus douce, il lui en coûtera moins de **céder la première**.

55. Comment le *divorce* est-il *prononcé* ?

Le **divorce** est *prononcé* par les *tribunaux* s'ils reconnaissent fondés les *griefs* de l'époux qui le demande.

Sinon le mariage est *maintenu*.

56. Quels sont les *effets* du divorce ?

Chaque époux recouvre sa **liberté** ;

La femme reprend **son nom** de jeune fille ;

Les enfants **sont confiés** à l'époux qui a *obtenu* le divorce, à moins que le tribunal n'en ordonne autrement ;

Il est procédé à la *liquidation* des intérêts pécuniaires des deux époux.

57. Quels sont les effets de la *séparation de corps*?

La **séparation de corps,** qui est également prononcée par les *tribunaux*, produit à peu près les mêmes effets que le divorce.

Seulement les époux ne peuvent contracter un nouveau mariage et la femme conserve le plus souvent le *nom de son mari*.

La séparation de corps entraîne toujours la **séparation de biens.** (Voir n° 66.)

58. N'existe-t-il pas une loi pour *faciliter le mariage des indigents?*

Oui, la loi charge l'officier de l'état civil et le procureur de la République de réunir *toutes les pièces nécessaires* aux **indigents** qui déclarent vouloir se marier.

Ces pièces sont délivrées **gratuitement.**

7. — Le Contrat de mariage.

59. Qu'est-ce qu'un *contrat de mariage ?*

Un **contrat de mariage** est un acte par lequel les époux déterminent le *régime* auquel ils seront soumis, c'est-à-dire les conditions qui régleront leurs **intérêts pécuniaires.**

Le contrat de mariage doit être dressé devant un *notaire, avant* la célébration du mariage.

60. Y a-t-il plusieurs sortes de contrats de mariage?

Les contrats de mariage peuvent varier à l'infini, mais la loi prévoit **cinq** régimes principaux :

1° Le régime de la **communauté** proprement dite;

2° Le régime de la **communauté réduite aux acquêts ;**

3° Le régime **sans communauté ;**

4° Le régime **dotal ;**

5° Le régime de la **séparation de biens.**

61. Donnez quelques détails sur le régime de la *communauté.*

Dans le régime de la **communauté** proprement dite, les

biens-meubles, même reçus pendant le mariage par succession ou donation, les *revenus* et les *dettes*, sont mis en commun, ainsi que les biens, même immeubles, acquis avec les deniers de la communauté (**acquêts**).

Par contre, chaque époux conserve la propriété des biens *immeubles* qu'il possédait avant le mariage, ou qu'il acquiert ensuite par succession ou par donation.

Le mari administre *seul* les biens de la communauté.

62. Que présente de *particulier* le régime de la communauté ?

C'est que le régime de la communauté est celui sous lequel sont mariés *de par la loi* tous ceux qui *n'ont pas fait* de contrat de mariage ; c'est ce que l'on appelle la **communauté légale**.

63. Expliquez le régime de la *communauté réduite aux acquêts.*

Dans ce régime, la communauté est réduite à ce qui est **acquis** pendant le mariage, tant par *l'industrie* commune des deux époux que par leurs *économies*.

Le surplus, c'est-à-dire les apports en ménage, les dots, les héritages ou donations, appartient **en propre** à celui des deux époux au profit de qui ils ont été faits.

Le régime *de la communauté réduite aux acquêts* est celui qui figure le plus souvent dans les contrats.

64. Expliquez le régime *sans communauté.*

Dans le régime **sans communauté**, chacun des deux époux *conserve* la propriété non seulement des biens qui lui appartiennent en propre, mais encore de ceux qu'il acquerra pendant la durée du mariage.

Le mari a l'administration de ces biens et en applique les *revenus* aux *charges* du ménage.

65. Expliquez le *régime dotal.*

Dans le **régime dotal**, il est **interdit** aux deux époux, sauf dans des cas strictement déterminés par la loi, d'**aliéner** les biens de la femme, déclarés *dotaux* par le contrat de mariage.

Les biens de la femme qui ne sont pas déclarés *dotaux* sont dits **biens paraphernaux.**

Le **mari** a l'*administration* des biens de sa femme, même des biens *dotaux.*

66. Expliquez le régime de la *séparation de biens.*

Dans le régime de la **séparation de biens,** chaque époux garde la propriété et l'administration de ses biens meubles et immeubles, à la seule condition de participer aux dépenses communes.

La femme, sous quelque régime qu'elle soit mariée, peut demander aux tribunaux de prononcer la **séparation de biens** si son mari se livre à des dépenses exagérées.

8. — Parenté; Alliance.

67. Qu'appelle-t-on parents en *ligne directe ?*

On appelle **parents en ligne directe** ceux qui descendent les uns des autres.

68. Qu'appelle-t-on parents en *ligne collatérale ?*

On appelle **parents en ligne collatérale** ceux qui ont un ancêtre commun : tels sont les frères entre eux, les sœurs,

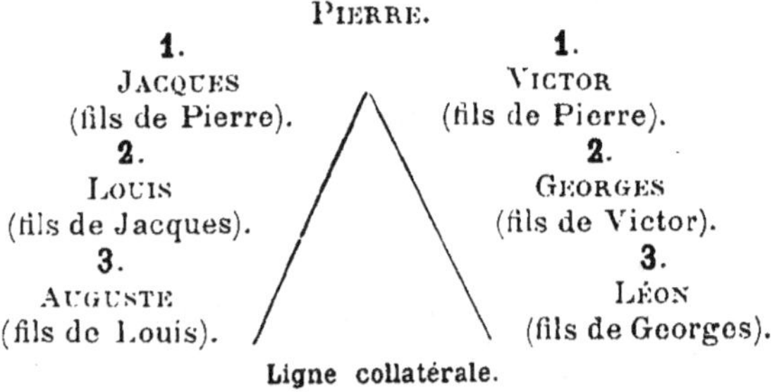

les oncles et tantes, les neveux et nièces, les cousins et cousines. A partir du *douzième degré*, en ligne collatérale, la parenté est supposée ne plus exister.

69. Comment calcule-t-on le *degré de parenté ?*

Le **degré de parenté** entre deux personnes se calcule :
1° pour la *ligne directe*, en comptant les générations qui les séparent ; 2° pour la *ligne collatérale* (fig.), en additionnant les deux nombres représentant les générations qui séparent chacune d'elles de l'auteur commun.

70. Qu'est-ce que l'*alliance ?*

L'**alliance** est la relation qui s'établit, à la suite du mariage, entre un époux et les parents de l'autre époux.

71. Qu'est-ce que le droit à *pension alimentaire ?*

C'est le droit donné par la loi à toute personne qui se trouve hors d'état de pourvoir à ses besoins, de réclamer une **pension alimentaire** à certains parents ou alliés.

72. Entre *quels parents et alliés* existe l'obligation alimentaire ?

L'obligation alimentaire existe entre **tous les parents en ligne directe**, entre le beau-père et la belle-mère d'une part, le gendre et la bru de l'autre ; entre l'adoptant et l'adopté ; entre le mari et la femme.

A l'égard des parents, l'obligation alimentaire est imposée plus encore par la **reconnaissance** que par la *loi*.

9. — Les Successions.

73. Que deviennent les *biens* d'une personne décédée sans testament ?

Les **biens** d'une personne décédée sans testament deviennent la propriété de ses *héritiers*.

74. Quels sont ces héritiers ?

Ces héritiers sont :
1° Les *descendants* (enfants et petits-enfants), à l'exclusion de tous les autres **parents** ;
2° S'il n'y a pas de descendants, les *père* et *mère* du

décédé, ainsi que ses *frères* et *sœurs*. Tous ont une part;

3° S'il n'y a pas de descendants ni de père et mère; les *frères* et *sœurs* ou leurs enfants, *à l'exclusion des ascendants* (aïeuls et bisaïeuls) ;

4° A défaut des personnes ci-dessus énumérées, les *ascendants* et les *collatéraux* jusqu'au *douzième* degré.

75. Comment *se partage* une succession entre les *descendants?*

La succession est partagée entre les *enfants* du décédé **par portions égales.**

Si l'un des enfants est *décédé* et qu'il ait lui-même des enfants, ceux-ci partagent la part qui aurait dû lui revenir.

Le partage s'opère de la même façon quand il est effectué entre frères et sœurs.

76. Comment s'opère le partage lorsque le défunt ne laisse pas de descendants et qu'il a encore *son père et sa mère ?*

Lorsque le défunt ne laisse pas de descendants et qu'il a encore son **père** et sa **mère**, ceux-ci se partagent la succession par moitié.

Cependant, s'il y a des frères et sœurs, ceux-ci se partagent la moitié de la succession ; le père et la mère se partagent l'autre moitié.

77. Comment s'opère le *partage* entre les *ascendants* ou entre les parents *collatéraux ?*

La succession est divisée en deux parties égales entre la ligne paternelle et la ligne maternelle.

78. Quelle est la part du *conjoint* survivant?

Le **conjoint** survivant a droit :

1° A la **totalité** des « biens *de l'époux décédé* », quand celui-ci ne laisse pas d'héritiers ;

2° A l'**usufruit de la moitié** de ces biens quand il y a des héritiers, mais pas d'enfants ;

3° A l'**usufruit du quart**, s'il y a des enfants.

79. Qu'arrive-t-il quand le défunt ne laisse *ni héritiers, ni conjoint?*

Tous les biens du défunt reviennent à l'État; c'est ce qu'on appelle *une succession en déshérence.*

80. Qu'est-ce que le *rapport?*

Lorsque l'on fait le partage d'une succession entre les héritiers, chacun d'eux doit **rapporter** *à la masse successorale* ce qu'il avait reçu à titre de *dot*, de *donation*, etc., à moins qu'il n'en ait été exempté par une disposition particulière du défunt.

81. Est-on *obligé* d'accepter une succession?

On a le droit **d'accepter** une succession ou d'y **renoncer**; on peut aussi l'**accepter sous bénéfice d'inventaire.**

Dans ce cas, l'héritier doit faire procéder à *l'inventaire* des biens de la *succession* dans un certain délai, et déclarer ensuite *s'il l'accepte ou non.*

10. — Donations et Testaments.

82. La loi permet-elle de déroger aux règles qu'elle a posées pour le partage des successions?

Oui, toute personne peut régler elle-même par un **testament** le partage de ses biens après sa mort. Elle peut même, de son vivant, **donner** à qui bon lui semble tout ou partie de ses biens.

83. Le droit de disposer de ses biens par *testament* ou par *donation* est-il absolu?

Non; toute personne qui a des *descendants* ou des *ascendants* ne peut disposer que d'**une partie** de ses biens; c'est ce que l'on appelle la **quotité disponible.**

84. Quel est le *montant* de la quotité disponible?

La quotité disponible est :

1° De la *moitié* des biens pour celui qui a un enfant ;

2° Du *tiers* pour celui qui a deux enfants ;

3° Du *quart* pour celui qui en a trois et plus.

Pour celui qui n'a pas d'enfants, la **quotité disponible** est de la *moitié*, s'il a des ascendants dans les deux lignes ; des *trois quarts* s'il n'a des ascendants que dans une seule ligne.

85. Combien y a-t-il de *sortes* de testaments ?

Il y a trois sortes de testaments :

1° Le **testament olographe**, qui doit être *écrit entièrement* par le testateur, *signé* et *daté* par lui ;

2° Le **testament authentique**, qui est dicté par le testateur à un notaire en présence de quatre témoins ;

3° Le **testament mystique**, qui doit être signé par le testateur et remis par lui sous enveloppe cachetée à un notaire, en présence de six témoins. Un procès-verbal de ce dépôt est dressé par le notaire.

86. Un testament peut-il être *modifié ?*

Oui, un testament, quelle que soit sa forme, peut toujours être *modifié* ou même *annulé* par un **testament postérieur,** même fait dans une autre forme.

87. Comment se fait une *donation entre vifs ?*

Une **donation entre vifs** se fait par un acte passé *devant un notaire ;* cet acte doit constater le consentement des deux parties.

88. Une donation entre vifs peut-elle être *révoquée ?*

Une donation entre vifs peut être **révoquée** dans trois cas seulement :

1° Si les conditions auxquelles elle a été faite *ne sont pas exécutées ;*

2° Si le donataire se rend *coupable d'ingratitude* envers le donateur ;

3° Si le donateur, qui n'avait pas d'enfants lors de la donation, *vient à en avoir.*

89. Les *époux* peuvent-ils se faire des donations ?

Oui, les *époux* peuvent se faire des donations, soit **par le contrat de mariage**, soit **pendant** le mariage.

Les premières sont *irrévocables ;* les autres sont *révocables* à tout moment.

La femme, pour faire ou pour révoquer soit une donation, soit un testament, en faveur de son mari, n'a pas besoin de l'autorisation de celui-ci.

90. De quels sentiments doit s'inspirer le testateur qui n'a pas d'héritiers directs ?

Il doit songer à ses **parents pauvres** et à ses **vieux serviteurs.**

Il doit aussi faire la part des **œuvres utiles** et des **établissements de bienfaisance.**

III. — RAPPORTS DES CITOYENS AVEC L'ÉTAT

1. — Les Impôts.

91. Comment s'effectue le paiement des impôts ?

Les **impôts directs** se paient entre les mains des percepteurs et des receveurs municipaux ; les **impôts indirects** sont perçus par les agents des diverses administrations (douanes, octrois, contributions indirectes, timbre et enregistrement, forêts).

92. Comment est-on averti que l'on a des impôts directs à payer ?

Par un avis du **percepteur** ou du **receveur municipal** ; on peut se libérer par acomptes, pourvu que l'on verse au moins un douzième par mois.

93. Que doit-on faire lorsque l'on trouve *exagéré* le chiffre de l'impôt réclamé?

Les *réclamations* doivent être faites dans les **trois mois** de la publication des *rôles ;* la *date* de cette publication est indiquée dans l'*avis* du percepteur.

Les réclamations doivent être accompagnées de la *quittance* des termes échus et de l'*avertissement* reçu ; elles doivent être faites sur *papier timbré*, à moins qu'il ne s'agisse de cotes au-dessous de 30 francs.

Les réclamations sont adressées au *préfet*.

94. Comment est-on averti que l'on a des *impôts indirects* à payer?

L'administration n'a pas à vous prévenir ; c'est à vous, au contraire, qu'il appartient de faire une déclaration chaque fois que vous accomplirez un acte qui entraine la perception d'un impôt indirect.

95. Dans quel cas doit-on faire cette déclaration pour *droits de douane?*

Toutes les fois que l'on introduit en France des produits soumis à un droit, la déclaration se fait aux **bureaux de douane** établis le long de la frontière.

96. Dans quels cas doit-on faire cette déclaration pour les *contributions indirectes* proprement dites?

Toutes les fois que l'on fait circuler du **vin**, que l'on fabrique des *alcools*, des *vinaigres*, des *sucres*, de la *stéarine*, de la *dynamite*, que l'on fait entrer des marchandises dans une ville où l'*octroi* est établi, etc.

97. Dans quels cas doit-on faire cette déclaration pour les *droits d'enregistrement?*

Toutes les fois que l'on fait un des actes que la loi frappe d'un **droit d'enregistrement** et dont les principaux sont : tous les actes notariés, les actes de vente, d'échange, les baux, les obligations, les quittances, les actes des avoués et des huissiers, etc.

L'enregistrement est nécessaire pour qu'un acte soit opposable à des tiers.

On doit aussi faire une *déclaration* quand on fait un *héritage*, quand on occupe un grand nombre d'*employés*, quand on possède des *chevaux* et des *voitures*, des *billards*, des *chiens*, des *vélocipèdes*, etc.

Les déclarations sont faites dans un *bureau d'enregistrement*.

En outre, un grand nombre d'actes doivent être faits sur **papier timbré**.

98. Qu'arrive-t-il dans le cas où la déclaration prescrite *n'a pas été faite?*

Celui qui n'a pas fait la déclaration prescrite paie, dans la plupart des cas, un **double droit**.

99. Qu'arrive-t-il si l'on écrit sur *papier libre* un acte qui aurait dû être fait sur *papier timbré?*

On encourt une **amende**, mais l'acte est valable.

100. Que doit-on faire quand on trouve que l'administration vous réclame un droit *trop élevé?*

On commence par le payer. Puis on rédige sa réclamation sur papier timbré et on l'adresse à l'administration *avec la quittance.*

101. Peut-on sans scrupule *se soustraire* au paiement de l'impôt?

Non, chacun doit payer **entièrement** la part d'impôt qui lui incombe; beaucoup de gens s'imaginent qu'on ne commet pas un *acte répréhensible* en fraudant : ils se trompent.

La fraude n'est pas autre chose qu'un **vol** fait au préjudice de tous les citoyens, et, en fin de compte, une **injustice**.

En effet, s'il se commet des fraudes, chaque contribuable honnête paie **un peu plus** que sa part légitime dans les dépenses du pays.

2. — Des Contraventions.

102. Qu'est-ce qu'une *contravention?*

Une **contravention** est une infraction à la loi, qui est punie des peines de *simple police*, c'est-à-dire d'une amende de 1 franc à 15 francs et d'un emprisonnement de cinq jours au plus.

103. Quelles sont les contraventions les plus nombreuses?

La plupart des *contraventions* sont celles qu'on commet en violant les **règlements de police**.

104. Par qui sont *jugées* les contraventions?

Les contraventions sont jugées par le **tribunal de simple police** (qui se compose du juge de paix du canton); en présence du commissaire de police ou du maire de la commune faisant fonctions de *ministère public*.

Le prévenu peut se défendre lui-même.

105. Peut-on *appeler* des jugements du tribunal de simple police?

On peut **appeler** des jugements du tribunal de simple police quand ils prononcent une condamnation à *l'emprisonnement* ou à une amende de plus de 5 *francs*.

Les appels sont jugés par le **tribunal correctionnel**.

3. — Des Délits et des Crimes.

106. Qu'est-ce qu'un *délit?*

Un **délit** est une infraction à la loi, qui est punie de *peines correctionnelles*.

Ces peines sont :

1° L'emprisonnement à temps ;

2° L'interdiction à temps de certains droits ;

3° L'amende.

107. Par *qui* sont jugés les délits ?

Les délits sont jugés par les **tribunaux correctionnels**; on a le droit d'*appeler* de leurs décisions devant la *Cour d'appel*.

On peut, devant ces tribunaux, se défendre soi-même ou avoir recours à un avocat.

108. Qu'est-ce qu'un *crime* ?

Un **crime** est une infraction à la loi, qui est punie d'une *peine afflictive* ou *infamante*.

Les peines **afflictives**, qui sont en même temps *infamantes*, sont :

La mort ;

Les travaux forcés à temps ou à perpétuité ;

La déportation ;

La réclusion.

Les peines **infamantes** sont :

Le bannissement ;

La dégradation civique.

109. Par qui sont jugés les *crimes* ?

Les crimes sont jugés *sans appel* par la **Cour d'assises**.

Tout accusé doit être assisté d'un avocat ; s'il ne peut en trouver un lui-même, le président de la Cour d'assises lui donne un *avocat d'office*.

110. Qu'est-ce que les *circonstances atténuantes* ?

L'art. 463 du Code pénal permet de diminuer les peines prononcées par la loi contre les crimes et les délits dans le cas où les jurés, ou les juges correctionnels, reconnaissent qu'il y a dans la cause des **circonstances atténuantes**, c'est-à-dire des faits qui **diminuent** la culpabilité de l'accusé ou du prévenu.

IV. — RAPPORTS DES CITOYENS ENTRE EUX

1. — Des Biens et de la Propriété.

111. Comment se divisent les *biens* que nous pouvons acquérir?

Ils se divisent en biens **meubles** et en biens **immeubles**. Les biens *meubles* sont ceux qui peuvent se déplacer (mobilier, argent, actions, obligations); les biens *immeubles* sont ceux qui ne peuvent se déplacer (maisons, terres).

112. Qu'appelle-t-on *immeubles par destination?*

Les **immeubles par destination** sont des biens meubles qui prennent le caractère d'*immeubles* parce qu'ils **font corps** avec un immeuble et ne peuvent être déplacés (les poêles, les cheminées, les glaces, le bétail attaché à une ferme, etc.).

113. Qu'est-ce que la *propriété?*

La **propriété** est le droit de jouir et de disposer des choses de la façon *la plus absolue*, pourvu qu'on n'en fasse pas un usage contraire aux lois et règlements.

114. Peut-on être *contraint* de céder sa propriété?

Nul ne peut **être contraint** de céder sa propriété sinon pour cause *d'utilité publique* et moyennant une juste et préalable *indemnité* (expropriation) ou pour le paiement de ses **dettes** (saisie mobilière, saisie immobilière).

115. Par qui est *fixée l'indemnité* dans le cas d'expropriation pour cause d'utilité publique?

L'indemnité est fixée, si l'expropriant et l'exproprié n'ont pu s'entendre, par un jury spécial appelé **jury d'expropriation**, choisi parmi les notables habitants de la contrée.

116. Qu'est-ce que la *saisie mobilière ?*

La **saisie mobilière** consiste à mettre sous la main de la justice le *mobilier* du débiteur, mobilier qui est ensuite *vendu* au profit du créancier.

117. Qu'arrive-t-il s'il y a *plusieurs* créanciers?

Le produit de la vente est **partagé** entre les créanciers, *au prorata* de leurs créances, par un des juges du tribunal de première instance ; c'est ce qu'on appelle *une distribution par contribution* ou, plus simplement, une **contribution.**

118. Qu'est-ce qu'une *saisie immobilière?*

Une **saisie immobilière** est la mise sous la main de la justice, des *immeubles* du débiteur (maisons, terres), qui sont ensuite *vendus* au profit des créanciers.

119. Qu'arrive-t-il s'il y a *plusieurs* créanciers?

Ces créanciers se divisent en deux classes : les créanciers *privilégiés et hypothécaires* (voir n°s 145 à 150) et les créanciers qui n'ont *ni privilèges ni hypothèques* et que l'on appelle *créanciers chirographaires* (de *cheiros*, main, et *graphein*, écrire), parce que leurs droits ne résultent que d'actes sous seing privé.

Le produit de la vente est *distribué* entre les créanciers privilégiés et hypothécaires par un juge au tribunal civil de première instance d'après l'*ordre* que la loi assigne à leurs privilèges et hypothèques. C'est ce que l'on appelle une *distribution par ordre* ou, plus simplement, un **ordre.**

Quand tous ces créanciers sont payés, le *reliquat,* s'il en existe un, est *partagé* entre les créanciers chirographaires au *prorata* de leurs créances.

120. N'y a-t-il pas un *autre genre* de saisie?

Oui, il y a aussi la **saisie arrêt** ou **opposition**. Si vous apprenez qu'un sieur X... doit de l'argent à un de vos débiteurs, vous faites faire **défense** à M. X..., par un acte d'huissier, de se dessaisir, sans votre consentement, des sommes dues.

M. X... ne peut plus s'en dessaisir valablement sans votre permission ou à moins d'une autorisation de la justice.

121. Qu'est-ce que l'*usufruit ?*

L'usufruit est le droit de *jouir* des choses (maisons, obligations, etc.) dont une autre personne garde la propriété. Par exemple, M. A... a les rentes et M. B... le capital.

Cette propriété, ainsi *dépouillée* d'un des éléments qui la constituent, s'appelle la **nue propriété**. M. A... est l'*usufruitier*, M. B... est le *nu propriétaire*.

L'usufruit *cesse* par la mort de l'usufruitier.

122. Quelles sont les *obligations* de l'usufruitier ?

L'usufruitier doit jouir *en bon père de famille* des biens dont il a l'usufruit.

Il est obligé de fournir une **caution** (garantie d'une personne solvable ou dépôt d'une somme d'argent), à moins qu'il n'en soit **dispensé** par le titre qui a constitué l'usufruit.

2. — Les Servitudes.

123. Qu'est-ce qu'une *servitude ?*

Une **servitude** est une charge imposée sur un bien pour l'usage et l'utilité d'un *autre* bien.

Exemple : Une propriété est tenue de laisser passer les eaux qui viennent de la propriété voisine : c'est une *servitude*.

124. Comment s'établissent les *servitudes ?*

Les servitudes *s'établissent :*
En vertu de la **situation** respective de deux biens ;
En vertu de la **loi** ;
En vertu de **conventions**.

125. Citez des exemples de servitudes résultant de la *situation*.

1° Un bien situé sur une **pente**, au-dessous d'un autre bien, est obligé de **recevoir les eaux** qui en découlent naturellement.

2° Tout propriétaire peut obliger le propriétaire voisin au **bornage** de leurs propriétés contiguës.

126. Citez des exemples de servitudes *imposées par la loi*.

Parmi les servitudes imposées par la loi, on peut citer celles qui ont trait :

Aux **murs mitoyens** ;

A l'**égout des toits** ;

Au **passage** donnant accès à une terre enclavée ;

A l'établissement de canaux d'**irrigation** ou de **drainage** ;

Aux travaux d'**assainissement**.

3. — Des Contrats et Obligations.

127. Qu'est-ce qu'un *contrat* ?

Le **contrat** est une convention par laquelle une ou plusieurs personnes s'**engagent** envers plusieurs autres à *donner*, à *faire* ou à *ne pas faire* quelque chose.

Il y a tantôt **obligation d'un côté**, tantôt **obligations réciproques**.

Dans le premier cas, le contrat est *unilatéral ;* dans le second cas, il est *synallagmatique*.

128. Quelles sont les conditions nécessaires à la *validité* d'un contrat?

Les conditions nécessaires à la validité d'un contrat sont :

1° Le **libre consentement** de la partie qui contracte l'obligation ; — 2° Sa **capacité légale** ; — 3° L'indication précise de ce qui fait l'**objet** du contrat ; — 4° Une **cause licite** de l'obligation contractée.

129. Qu'arrive-t-il lorsqu'une des **deux parties** *se refuse* d'exécuter le contrat?

La personne qui se refuse à exécuter un contrat peut, suivant les cas, y être **contrainte** par les moyens légaux ou être condamnée à des *dommages-intérêts*.

130. N'y a-t-il pas, *en dehors* des garanties juridiques, une *garantie* d'exécution des contrats?

Oui, il existe une autre *garantie*, qui est à coup sûr la meilleure ; c'est la **bonne foi** des parties.

131. Comment peut-on *prouver* l'existence ou le paiement d'une obligation?

Par la preuve **littérale**, c'est-à-dire *écrite*, ou par la preuve **testimoniale**, c'est-à-dire *par témoins;* mais cette dernière n'est admise que pour les obligations ne dépassant *pas 150 francs.*

132. Comment s'établit la *preuve littérale?*

La preuve littérale s'établit par **acte authentique**, c'est-à-dire passé devant notaire, ou par acte **sous seing privé.**

4. — De la Vente.

133. Qu'est-ce que la *vente?*

La **vente** est un contrat par lequel on s'engage à *livrer* une chose moyennant un *prix* déterminé.

134. Quelles sont les *obligations* du vendeur?

Les obligations du vendeur sont :
1° De **livrer** la chose vendue ;
2° D'en assurer à l'acheteur la **possession paisible ;**
3° De le garantir contre les **défauts cachés** qu'elle pourrait avoir.

135. Qu'est-ce qu'une *vente à réméré?*

La **vente à réméré** est une vente dans laquelle le vendeur se réserve le droit de *reprendre* la chose vendue dans un délai qui ne peut excéder *cinq années,* moyennant le *remboursement* du prix avec intérêts et des frais de vente.

136. Qu'est-ce qu'une *soulte ?*

Si, dans un échange, les deux choses ne sont pas de même valeur, la différence est payée ordinairement en argent ; c'est ce que l'on appelle une **soulte.**

5. — Du Louage.

137. Combien y a-t-il de sortes de *louage ?*

Il y a *deux* sortes de *louage :* le louage **des choses** et le louage d'**ouvrage.**

138. Qu'est-ce que le louage *des choses ?*

Le **louage des choses** est un contrat par lequel l'une des parties, appelée **bailleur,** s'engage à faire jouir l'autre partie, le **preneur,** d'une chose pendant un *certain temps* et moyennant un *prix convenu.*

139. Quelles sont les *obligations du bailleur ?*

Les *obligations* du bailleur sont :
1° De **livrer** au preneur la chose louée ;
2° D'entretenir en **bon état** la chose louée ;
3° D'en faire jouir paisiblement le preneur pendant la durée de la location.

140. Quelles sont les *obligations du preneur ?*

Les obligations du preneur sont :
1° D'user de la chose louée en **bon père de famille ;**
2° De **payer le prix** de la location aux époques convenues.

141. Qu'est-ce que le *louage d'ouvrage ?*

Le **louage d'ouvrage** est un contrat par lequel l'une des

parties s'engage à **faire un travail** pour l'autre partie moyennant un *prix convenu.*

142. Quels sont les principaux *louages d'ouvrage ?*

Ce sont les louages des **employés**, des **ouvriers**, des **domestiques**, des **voituriers** par terre et par eau.

143. Quels sont les *devoirs des patrons* envers ceux qu'ils emploient?

Les patrons doivent traiter ceux qu'ils emploient avec **justice** et **bienveillance;** ils doivent leur accorder une **juste rétribution** de leur travail, leur faciliter les moyens de se **constituer une retraite;** tenir compte des **services rendus.**

144. Quels sont les *devoirs* de ceux qui sont employés ?

Ceux qui sont employés doivent **s'appliquer** à leur travail, exécuter **consciencieusement** ce dont ils sont chargés, en un mot, *prendre l'intérêt* de leurs patrons.

6. — Des Privilèges et Hypothèques.

145. Qu'est-ce qu'un *privilège ?*

Un **privilège** est le droit qu'ont certaines créances d'être payées avant les autres. Il y a des *privilèges* sur les meubles et sur les immeubles.

146. Quels sont les privilèges sur les *meubles ?*

Les privilèges sur les *meubles* sont très nombreux ; nous en citerons seulement quelques-uns.

Sont **privilégiés** sur les meubles : les frais de justice, les frais de dernière maladie, les frais funéraires, les mois de nourrice, les salaires des gens de service, les notes de fournisseurs (pour les six derniers mois), du maître ou de la maîtresse de pension pour une année.

147. Quels sont les principaux privilèges sur les *immeubles ?*

Les privilèges énumérés ci-dessus s'exercent aussi sur

les *immeubles* ; il faut y ajouter le privilège du vendeur d'un immeuble sur le prix de vente, celui des architectes, entrepreneurs et ouvriers pour les travaux par eux exécutés dans un immeuble.

148. Qu'est-ce qu'une *hypothèque ?*

L'hypothèque est le droit donné à un créancier d'être payé par préférence sur le prix d'un immeuble.

149. Combien y a-t-il de *sortes* d'hypothèques ?

Il y a trois sortes d'hypothèques : l'hypothèque **légale**, l'hypothèque **judiciaire** et l'hypothèque **conventionnelle**.

L'hypothèque **légale** est celle que la loi donne à la femme sur les immeubles de son mari, au mineur ou à l'interdit sur ceux de son tuteur.

L'hypothèque **judiciaire** est celle qui est prise en vertu d'un jugement.

L'hypothèque **conventionnelle** est celle qui résulte d'un contrat ; ce contrat doit être authentique.

150. Quelle est la *condition essentielle* pour pouvoir exercer les privilèges et hypothèques ?

Les privilèges sur les immeubles et les hypothèques doivent être **inscrits** sur un registre tenu par le *conservateur des hypothèques*. Seules les hypothèques légales sont valables sans inscription.

7. — De la Prescription.

151. Qu'est-ce que la *prescription ?*

La prescription est un moyen d'acquérir ou de se libérer par un *certain laps de temps*.

152. Comment la prescription est-elle un moyen d'*acquérir ?*

Lorsqu'une personne a été en **possession** d'un immeuble,

soit *sans titres*, pendant *trente ans*, soit en *vertu d'un titre*, pendant *dix ans*, ou *vingt ans*, suivant les cas, elle devient définitivement **propriétaire** de cet immeuble.

153. Comment la prescription est-elle un moyen de se *libérer* ?

Quand il s'est écoulé un *certain laps de temps* depuis qu'une personne a contracté une dette, elle est réputée s'être **libérée**. Ce laps de temps varie, suivant les cas, de *six mois* à *trente ans*.

154. Donnez quelques exemples des prescriptions les plus fréquemment invoquées ?

Se prescrivent par **six mois** :

1° L'action des maitres et instituteurs pour les leçons qu'ils donnent au mois ;
2° Celle des hôteliers et traiteurs ;
3° Celle des ouvriers pour le paiement de leurs journées.

Se prescrivent par **un an** :

1° L'action des huissiers pour leurs frais ;
2° Celle des marchands pour marchandises vendues à des particuliers ;
3° Celle des maitres de pension pour le prix de la pension de leurs élèves ;
4° Celle des domestiques qui se louent à   e.

Se prescrivent par **deux ans** :

1° L'action des médecins, pharmaciens ;
2° Celle des avoués pour leurs frais.

Se prescrivent par **cinq ans** :

1° Les rentes perpétuelles et viagères ;
2° Les termes de pensions alimentaires ;
3° Les termes de loyer (à la ville et à la campagne)
4° Les intérêts des sommes dues.

V. — DU COMMERCE

1. — Les Livres de commerce.

155. Qui peut *exercer* le commerce ?

Peuvent exercer le commerce : tout citoyen majeur ; le mineur émancipé, âgé de 18 ans révolus ; la femme, mais, si elle est mariée, avec l'autorisation de son mari.

156. A quelle *obligation spéciale* est soumis un commerçant ?

Un commerçant est obligé d'avoir des **livres** tenus régulièrement et qu'il doit conserver pendant *dix ans*. Ces livres sont :

1° Un **livre-journal** sur lequel il inscrit jour par jour toutes ses opérations, et, tous les mois, les sommes employées à la dépense de sa maison.

2° Un **livre d'inventaire** sur lequel il inscrit chaque année l'inventaire de ses biens et de ses dettes.

Ces livres doivent être cotés, paraphés et visés par un juge au tribunal de commerce ou par le maire ; *ils doivent être conservés pendant dix ans.*

157. Le commerçant ne doit-il pas avoir d'autres livres que le livre-journal et le livre d'inventaire ?

Si ; il doit avoir un livre sur lequel *il copie* toutes les lettres qu'il envoie.

Il est tenu également de mettre en liasse et de conserver pendant 10 ans les lettres qu'il reçoit.

158. Quelle est l'*utilité* des livres de commerce ?

Les livres de commerce, régulièrement tenus, peuvent être admis par le juge comme preuve entre commerçants pour faits de commerce.

2. — Des Sociétés.

159. Combien y a-t-il de sortes de *sociétés commerciales ?*

Il y a trois sortes de **sociétés commerciales :**
La société en *nom collectif*, la société *en commandite* et la société *anonyme.*

160. Qu'est-ce que la société en *nom collectif ?*

La société **en nom collectif** est celle que contractent deux ou plusieurs personnes pour faire le commerce sous une raison sociale formée des noms d'un ou de plusieurs associés; on y ajoute généralement ces mots : Et compagnie .

161. Qu'est-ce qu'une société *en commandite ?*

Une **société en commandite** est celle dans laquelle certains associés fournissent seulement une somme d'argent au delà de laquelle ils ne sont pas responsables. *Le commanditaire ne doit faire aucun acte de gestion.*

162. Qu'est-ce qu'une *société anonyme ?*

Une **société anonyme** est celle qui n'est pas désignée par le nom d'un des associés, mais par l'objet qu'elle poursuit : Exemple : Compagnie de chemins de fer.
Le capital est divisé en *actions* et la société est administrée par des mandataires nommés pour un temps par les actionnaires.

3. Liquidation judiciaire et Faillite.

163. Qu'est-ce que la *liquidation judiciaire ?*

La **liquidation judiciaire** est la situation du commerçant qui, étant en état de cessation de paiements, obtient du tribunal de commerce l'autorisation de *liquider lui-même* ses affaires sous la surveillance d'un *administrateur* nommé par ce tribunal.

164. Qu'est-ce que la *faillite?*

La **faillite** est la situation du commerçant qui, étant en état de cessation de paiements, est *dessaisi* par le tribunal de commerce de l'administration de ses biens, qui est confiée à un **syndic**, nommé par ce tribunal.

165. Qu'est-ce qu'un *concordat?*

Le **concordat** est un acte par lequel l'assemblée des créanciers d'un commerçant en état de liquidation judiciaire ou de faillite lui accorde *remise* d'une partie des sommes qu'il lui doit.

Ce concordat doit être approuvé par la majorité des créanciers, majorité qui doit, en outre, représenter les *trois quarts* au moins des **créances** reconnues.

166. Les faillis ne sont-ils pas frappés de certaines *incapacités?*

Oui, les faillis ne peuvent être jurés, ni agents de change, ni électeurs, ni éligibles; ils ne peuvent se présenter à la Bourse.

167. Qu'est-ce qu'une *banqueroute simple?*

Un failli est déclaré en **banqueroute simple** quand il n'a pas eu de livres de commerce ou quand il les a mal tenus, quand il a fait des dépenses exagérées, ou enfin quand il n'a pas exécuté les conditions de son concordat. La banqueroute simple entraîne une *peine* de un mois à deux ans de prison.

168. Qu'est-ce qu'une *banqueroute frauduleuse?*

Le failli peut être déclaré en **banqueroute frauduleuse** :
1° Quand il a fait *disparaître* ses livres ;
2° Quand il a *détourné* une partie de son actif;
3° Quand il s'est reconnu débiteur de sommes qu'il ne

devait pas, de manière à *diminuer* le gage de ses créanciers. La banqueroute frauduleuse est punie des *travaux forcés à temps*.

169. Qu'est-ce que la *réhabilitation ?*

Un failli — ou même un banqueroutier simple — peut obtenir de la Cour sa **réhabilitation** et recouvrer les droits civils et politiques qu'il a perdus, *s'il paie intégralement ses créanciers, principal, intérêts* et *frais*.

Le premier devoir d'un honnête homme qui a eu le malheur de faire faillite **est de poursuivre sa réhabilitation**. S'il meurt avant de l'avoir obtenue, ce devoir incombe strictement **à ses enfants**.

Le banqueroutier frauduleux ne peut obtenir sa réhabilitation.

TABLE DES MATIÈRES

L'opuscule du Maître contient 50 sujets de rédaction avec leurs développements.

Paris. — Imp. E. Capiomont et Cⁱᵉ, rue des Poitevins, 6.